AF312496

CONSÉCRATION

DU

COMMERCE ET DE L'INDUSTRIE

AU SACRÉ COEUR

DANS LA BASILIQUE DU VŒU NATIONAL

A MONTMARTRE

Le Dimanche 29 Juin 1890

SOUS LA PRÉSIDENCE DE SON ÉMINENCE

LE CARDINAL ARCHEVÊQUE DE PARIS

———

ALLOCUTION

PRONONCÉE

Par le R. P. BOUVIER, S. J.

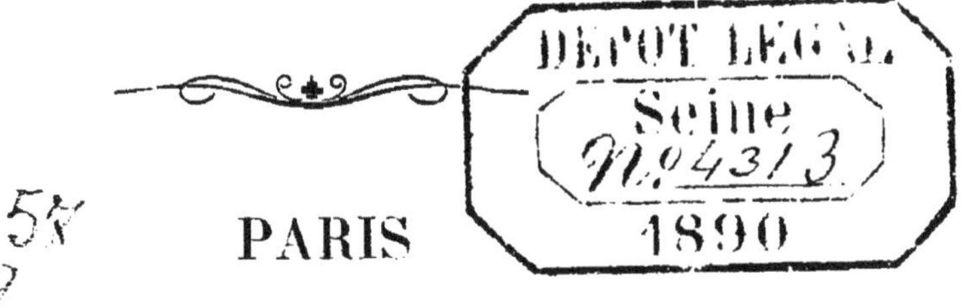

PARIS

LIBRAIRIE VICTOR LECOFFRE

RUE BONAPARTE, 90

——

1890

Prix net par unité : 10 CENTIMES L'EXEMPLAIRE

—   par 100 : 7 CENTIMES.   —

— par 500 : 5 CENTIMES.   —

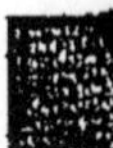

Le dimanche, 29 juin, les Associations chrétiennes du commerce et de l'industrie accomplissaient leur pèlerinage et faisaient leur consécration au Sacré Cœur, dans la basilique du Vœu national.

Déjà, l'année dernière, les patrons catholiques de Paris s'étaient consacrés solennellement au divin Cœur de Jésus. Mais, cette fois, ce n'était pas seulement la capitale, c'était la France qui se trouvait représentée à Montmartre. Bien des villes avaient voulu s'associer à cette manifestation religieuse : les unes avaient envoyé des députations, Lille ne comptait pas moins de quarante pèlerins ; d'autres faisaient célébrer une messe solennelle, et priaient en union avec nous.

Près de deux mille hommes remplissaient l'immense nef et le vaste chœur de la basilique, récemment livrés au culte, quand Son Éminence le cardinal archevêque de Paris, qui avait accepté avec empressement de présider cette fête, commença la sainte messe.

La messe terminée, le R. P. Bouvier, de la Compagnie de Jésus, monta en chaire, et, dans une éloquente allocution, nous exposa le sens du grand acte de foi que nous venions accomplir. Nos amis ont pensé que cette parole apostolique devait retentir bien au delà de l'enceinte qui nous réunissait. Puisse-t-elle produire au loin l'impression qu'elle a faite sur ceux qui ont eu le bonheur de l'entendre !

Son Éminence daigna ajouter quelques mots pour dire la joie dont son âme débordait en présence d'un pareil spectacle, et nous rappeler quelques-unes des plus importantes leçons évangéliques : « Cherchez avant tout le royaume de Dieu ; — Vous qui souffrez et qui êtes chargés, venez à moi ; — Mon joug est doux et mon fardeau est léger. »

Pendant le salut solennel qui suivit, la formule de consécration fut prononcée à haute voix par toute cette foule d'hommes, prosternés devant l'autel du Sacré Cœur.

Au déjeuner, qui à l'issue de cette cérémonie nous réunissait encore en grand nombre, M. Léon Harmel, l'organisateur de cette démonstration et le président de l'Œuvre, fit entendre une de ces improvisations vibrantes de foi et de patriotisme, qui jaillissent spontanément de son cœur d'apôtre.

Cette journée comptera certainement parmi les plus mémorables qu'aient enregistrées les annales de Montmartre.

V. L.

ALLOCUTION

PRONONCÉE

PAR LE R. P. BOUVIER

De la Compagnie de Jésus

> *Levavi oculos meos in montes,
> unde veniet auxilium mihi.*
>
> J'ai levé les yeux vers ces
> hauteurs d'où me viendra
> le salut.
> (Ps. cxx, 1.)

ÉMINENCE (1),

MESSIEURS,

Dans la vie des hommes et dans l'histoire des peuples, il y a de ces heures
d'universelle défaillance où toutes les
ressources du monde font défaut à la fois.
Il ne reste alors qu'à se tourner vers
Dieu, et à implorer de sa miséricorde la
force et le courage que rien ici-bas ne
peut plus donner.

(1) Son Éminence le cardinal archevêque de
Paris.

Ainsi jadis les Juifs, dans leurs dé-
tresses nationales, levaient les yeux sur
les hauteurs où se dressait leur temple,
et ils chantaient : *Levavi oculos meos in
montes, unde veniet auxilium mihi.* Et toute
leur histoire est là pour dire que Dieu n'a
jamais dédaigné leurs prières ni con-
fondu leurs espérances.

Messieurs, nous sommes manifestement à l'une de ces heures. De quelque
côté que nous jetions les regards, aucun
appui humain sur lequel nous puissions
raisonnablement compter. Aussi ne suis-
je pas surpris que la France chrétienne,
retrouvant sa vieille foi, se soit tournée
vers cette montagne où s'élève aujour-
d'hui le temple de l'expiation, et n'attende
plus que d'ici le secours qui doit la
rendre à ses glorieuses destinées : *Levavi
oculos meos in montes, unde veniet auxilium
mihi.*

Ah ! l'éloquence humaine n'a que faire
de mêler ses leçons au spectacle incom-

parable dont nous sommes en ce moment témoins. Quel enseignement, en effet, que celui qui retentit de toutes parts désormais sur cette montagne, abreuvée du sang de nos apôtres martyrs, consacrée le long des siècles par le culte ininterrompu de vingt générations, et devenue le gigantesque piédestal qui élèvera, comme un *palladium*, au-dessus de Paris et de la France, la statue bénissante du Sacré-Cœur!

Plus qu'aucune autre nation peut-être, la France tient à écrire son histoire dans les monuments qui couvrent son sol. Victoire ou revers, deuil national ou bénédiction du ciel, elle veut ainsi tout immortaliser pour l'enseignement de l'avenir. Si le vandalisme révolutionnaire n'avait fait passer son niveau destructeur sur cette terre tout imprégnée de gloire, vous auriez pu, laissant là nos annales, la parcourir de l'Océan aux Alpes, de la Manche aux Pyrénées, et découvrir, à chaque pas, un témoignage authentique du passé. Eh bien, l'histoire de la dernière moitié de ce siècle n'aura pas de monument plus instructif que le temple élevé par la foi de tout un peuple sur cette colline de Montmartre.

Un jour on gravera au frontispice de la Basilique achevée : *Gallia pœnitens et devota;* et les générations, qui se succéderont sans fin désormais sous ces voûtes construites pour défier les siècles, rediront avec stupeur qu'une époque s'est présentée dans notre histoire où la France de Clovis et de Charlemagne, la France de saint Louis et de Jeanne d'Arc, la France du Sacré Cœur, le Royaume très chrétien, la Fille aînée de l'Église, prise d'un vertige sans nom et sans exemple, avait oublié tous ses serments et dédaigné toutes ses gloires, pour s'abandonner follement au souffle de l'indifférence et de l'incrédulité ; qu'alors Dieu a laissé éclater sa colère, qu'il a saisi cette verge de fer toujours en réserve pour sa vengeance, et qu'il a réduit ce grand peuple à deux doigts de sa ruine. Mais on dira aussi qu'en ces jours, de grands chrétiens se sont rencontrés qui comprirent la signification de ce châtiment providentiel, qui ouvrirent les yeux sur tant d'ingratitude, qui implorèrent miséricorde, et convièrent tous les catholiques de France à élever, sur ces hauteurs, le monument du repentir national : *Gallia pœnitens.*

On racontera encore que, pendant un quart de siècle, la France meurtrie et humiliée a cherché dans le Cœur de Jésus son principal secours et sa principale force ; que les provinces, les cités, les associations, les familles apportèrent leur pierre à cet *ex-voto* monumental ; que le flot des pèlerins n'a plus cessé de se renouveler autour de cet autel ; que la prière y a retenti sans interruption ; et que ce sanctuaire est devenu un nouveau foyer de foi et de charité, pour la nation entière : *Gallia devota*.

De chacune de ces pierres on croira entendre sortir un gémissement et une supplication; et l'on ajoutera, j'espère, que ce temple commencé, comme le *Miserere* de la France coupable, s'est achevé comme le *Te Deum* de la France pardonnée et triomphante !

Mais dans ce grand mouvement religieux et national, vous avez une place à part, Messieurs. En face de l'impiété qui gagne et ronge de plus en plus les classes ouvrières, des cœurs d'apôtres se dirent que le plus sûr moyen de les ramener à la religion serait de faire comprendre à ceux qui dirigent l'industrie et le commerce leur responsabilité et leurs devoirs; et, cédant à l'audacieuse inspiration de leur foi, ils vous convoquaient, il y a un an, devant l'autel du Sacré Cœur. Cet appel fut béni de Dieu, il trouva écho de toutes parts, et il donna lieu à cette manifestation grandiose qui est encore dans tous les souvenirs.

Oui, ce fut un acte solennel que cette consécration générale, qui mettait le monde du travail sous la bénédiction du Cœur de Jésus.

Ce fut un acte solennel que cette prière, par laquelle vous demandiez à ce divin Cœur de vous inspirer des résolutions et des mesures, capables de rendre la vie chrétienne à ces populations laborieuses qui vivent sous votre dépendance.

Depuis lors Notre-Seigneur a rappelé à lui le principal inspirateur de cette nouvelle croisade (1). Il semblait nécessaire à la fondation et à l'organisation de votre œuvre ; mais, une fois de plus, Dieu a voulu montrer qu'il n'a pas besoin des hommes. Le fidèle serviteur avait rempli généreusement sa féconde mission. Il venait de résumer toutes les pensées et tous les travaux de sa vie dans un monumen dédié à la gloire du Sacré Cœur. Le Maître

(1) Le R. P. Alet, de la Compagnie de Jésus.

ne voulut pas retarder l'heure de son éternelle récompense. Pour nous, il ne nous reste qu'à adorer les desseins de Dieu, dans la reconnaissance et la résignation : *Dominus dedit, Dominus abstulit, sit nomen Domini benedictum* (1). Toutefois, Messieurs, soyez sans crainte, la semence qu'il a jetée en terre germera; du haut du ciel il obtiendra les grâces nécessaires pour la développer et la mûrir.

Aujourd'hui même, voilà que déjà vous êtes réunis, sous la présidence d'un Prince de l'Église, pour fêter l'anniversaire de cette première manifestation, dans une solennité plus grandiose et plus éclatante encore.

ÉMINENCE,

Une œuvre qui répond si pleinement à la pensée du Souverain Pontife ne pouvait manquer de rencontrer toutes les sympathies de celui qui est, au milieu de

(1) Job, i, 21.

nous, le premier représentant de son
autorité suprème. Mais que vous daigniez
vous arracher aux sollicitudes de votre
charge pastorale pour accueillir vous-
même cette association naissante, dans
votre Basilique du Sacré Cœur, et apporter
à ses débuts vos paternelles bénédictions,
voilà qui dit mieux que tous les discours
l'importance qui s'attache à cette tentative
chrétienne.

Que les engagements que vous venez
prendre ou renouveler, Messieurs, à l'autel du Sacré Cœur et en présence de votre
premie Pasteur, vous soient donc deux
fois sacrés. Et, puisque vous m'avez demandé de vous en exposer, en quelques
mots, toute la portée, laissez-moi re-
dire, en vous l'appropriant, une parole
que le grand évêque de Constantinople
adressait autrefois à son peuple : *Pactum
considera, conditionem attende, militiam nosce.*

Pactum considera, considérez donc le
pacte que vous venez ratifier. C'est un

pacte qui date de quinze siècles. Jésus-Christ est le roi de toutes les nations, par droit de naissance et par droit de conquête; mais, entre tous les peuples qui forment son royal apanage, il faut dire, avec une légitime fierté, qu'il nous a distingués, pour conclure avec nous une alliance plus étroite et nous confier une mission plus glorieuse. Il lui fallait un peuple soldat et un peuple apôtre, qui défendît les droits de son Église et qui portât l'Évangile jusqu'aux extrémités du monde. C'est sur les Francs qu'il jeta les yeux.

Vous savez comment il les conduisit sur un champ de bataille, et comment, dans une heure désespérée, il arracha au premier de nos rois cet acte de foi qui fit de nous le peuple très chrétien.

« *Si custodieritis pactum meum*, disait Dieu aux Israélites, *eritis mihi in peculium de cunctis populis* (1), — si vous gardez mon

(1) Ex., xix, 5.

alliance, vous me serez chers entre tous les peuples. » C'est la même alliance qu'il renouvelle, c'est la même promesse qu'il fait entendre.

Et Dieu a été fidèle à sa parole ; sa protection nous a constamment suivis, dans toutes les phases et à toutes les étapes de notre histoire.

Nos pères ne craignent pas d'écrire en tête de leurs lois : *Vivat Christus qui diligit Francos!* Vive le Christ qui aime les Francs !

Nos annalistes ne voient dans nos expéditions que les exploits de Dieu accomplis avec l'épée française : *Gesta Dei per Francos.*

Les Souverains Pontifes osent affirmer qu'autant la dignité royale l'emporte sur les conditions ordinaires, autant le royaume de France l'emporte sur les autres royaumes de la Chrétienté.

De fait, toutes les gloires nous ont été providentiellement prodiguées. Nos saints et nos héros se nomment légion, et nos chefs-d'œuvre, en tous genres, s'imposent à l'admiration du monde.

Oui, en vérité, Dieu est fidèle : *Si custodieritis pactum meum, eritis mihi in peculium de cunctis populis.*

O France, n'oublie donc jamais quel est le principe de ta prospérité et de ta grandeur !

En traversant une de nos villes normandes, j'ai vu, sur son blason, un cep de vigne planté au pied d'une croix ; une branche s'enroulait autour de la croix et se couvrait de feuilles et de grappes ; une autre rampait à terre et se desséchait dans l'épuisement. Au bas, un exergue traduisait ce symbole déjà transparent : *Tali fulcimine crescet,* il lui faut cet appui pour grandir. Et je pensais à part moi : N'est-ce pas là la figure de la France ? Tant qu'elle s'est appuyée sur son divin tuteur, la grâce du ciel l'a pénétrée comme une sève vigoureuse, et elle a étalé, aux yeux du monde émerveillé, la splendeur de sa force et la fécondité de ses œuvres. Mais voilà qu'ils veulent séparer ce que vingt générations avaient uni, ou plutôt ils veulent consommer une séparation commencée depuis un siècle. Ne s'aperçoivent-ils pas que cet arbre, autrefois si vivace, se dessèche et languit? Le feuillage n'a plus ses teintes verdoyantes et le fruit se détache, sans atteindre à sa maturité. Manifestement la corruption gagne, la vie s'en va.

Tel est le spectacle auquel nous assistons : la France qui délaisse Dieu, Dieu qui délaisse la France, et ce mutuel abandon entraînant des revers précurseurs d'irréparables catastrophes.

Cette alliance contractée à la face du monde et maintenue durant des siècles, nous l'avons dénoncée, nous l'avons désavouée article par article; nous avons déchiré de nos mains toutes les pages de ce contrat solennel; nous avons ajouté l'insulte à la déloyauté.

Nous avons systématiquement écarté le

nom et la pensée de Dieu de toutes nos lois ;

Nous avons renoncé à invoquer officiellement son secours ;

Nous avons arraché son image du prétoire, de l'école, de l'hospice ;

Nous lui avons interdit nos rues et nos places publiques ;

Nous avons violé, au scandale de toutes les nations européennes, le jour qu'il se réservait ;

Nous avons traqué tous ceux qui représentent son autorité souveraine ;

Nous lui avons disputé les enfants qui naissent, les moribonds qui agonisent, jusqu'aux soldats qui tombent sur les champs de bataille.

Et cette persécution satanique a trouvé écho de toutes parts. C'est partout le même cri, cri de révolte et d'expulsion : *Nolumus hunc regnare super nos !* arrière, arrière le Christ ! — *Recede a nobis !* Le Christ à la frontière !

Hélas! hélas! il semble, en effet, que le Christ se retire...

L'autorité n'étant plus soutenue par lui est avilie, comme elle ne l'a jamais été chez aucun peuple et à aucune époque de l'histoire; la famille est stérilisée par l'égoïsme et sapée dans ses remparts; les intelligences flottent à tout vent de doctrine; les cœurs sont en proie à toutes les passions; les mœurs publiques subissent une effroyable décadence.

Messieurs, pendant qu'il en est temps encore, voulez-vous travailler à renouer cette antique alliance, cette alliance qui fut le principe de toutes nos gloires, ah! faites donc entendre cette protestation qu'un chant populaire mettait, ces dernières années, sur les lèvres de nos foules chrétiennes : Nous voulons Dieu! nous voulons Dieu!

Aussi bien, vous êtes, par votre position, plus que d'autres, en mesure de coopérer à cette restauration religieuse. En

vous plaçant à la tête de groupes indus-
triels ou commerçants, la Providence vous
a confié une influence qui peut devenir
une force considérable pour le bien. Cette
force dont vous disposez vous crée une
responsabilité qu'il ne vous est pas per-
mis de décliner; car un jour viendra où
il vous sera demandé un compte rigoureux
du bien qu'il vous était possible de faire
et que vous n'auriez pas fait, des âmes
dont vous pouviez procurer le salut, et
dont la perte éternelle serait la suite de
votre indifférence coupable.

Toutefois, Messieurs, ne vous faites pas
illusion sur les conditions qui doivent
assurer le succès de votre zèle : *Conditionem attende.*

Que vos premiers efforts visent à établir,
d'abord en vous-mêmes le règne de Dieu.
C'est l'unique moyen d'attirer la grâce du
ciel sur vos œuvres, et d'autoriser votre
action devant les hommes.

Cette foi que vous voulez donner au peuple, vous commencerez par l'accepter et par l'affermir au fond de vos âmes ; ce respect des lois de Dieu et de l'Église qui vous paraît le plus ferme appui des sociétés, vous aurez à cœur de le garder fidèlement ; cette liberté que vous vous proposez de conquérir à ceux qui vous intéressent, en brisant les liens du respect humain qui les tyrannise et des passions qui les enchaînent, vous ne manquerez pas de la développer en vous et autour de vous. Ainsi, croyants, soumis et libres, vous pourrez vous abandonner au souffle de la charité et vous consacrer aux grandes œuvres qui vous réclament.

A l'exemple vous joindrez la prière. Un des poètes les plus applaudis de ce temps fait dire à l'un de ses héros :

Prions ; j'ai vu toujours, dans ma rude carrière,
Que l'arme la meilleure est encor la prière (1).

(1) *La Fille de Roland*, par le vicomte H. de Bornier, act. III, sc. v.

Grande et belle leçon que confirment l'expérience et la foi.

C'est la cause de Dieu que vous voulez soutenir. Messieurs, comptez avant tout sur sa protection et sur son secours. Les Machabées avaient pris pour cri de guerre : *Auxilium Dei;* que ce soit équivalemment le vôtre.

Enfin. vous vous mettrez à l'œuvre. Sans doute la prudence sera votre règle ; mais vous veillerez à ne confondre jamais la prudence avec l'inertie qui endort, ou avec la peur qui paralyse.

Sans doute vous ferez appel à toutes les ressources humaines : vous ne négligerez ni les mesures économiques. ni les améliorations humanitaires, ni les revendications légales ; mais vous vous souviendrez qu'en dehors de la religion, ces efforts n'aboutissent qu'à des résultats sans proportion avec le but qu'on se proposait d'atteindre : *Nisi Dominus ædificaverit domum, in vanum laboraverunt qui ædificant*

eam (1). — si Dieu ne met la main à l'œuvre,
c'est en vain que travaillent ceux qui
veulent relever la société de ses ruines.
N'allez pas, de grâce, pour la centième fois,
recommencer, sous nos yeux, cette lamen-
table expérience.

On a créé des écoles sans Dieu : elles
n'ont fait que rendre l'ouvrier plus ar-
rogant et plus redoutable. On a voulu
intéresser les travailleurs, en leur accor-
dant une part des bénéfices : ils ont
regardé cette concession comme un droit,
et comme un acompte sur la liquidation
générale, qui est l'objet de tous leurs rêves.
On a organisé des syndicats, en faisant abs-
traction de l'idée religieuse : ces groupe-
ments sont devenus des foyers de révolte
et d'anarchie. La philanthropie a cru pouvoir supplanter la charité chrétienne :
elle n'a fait que creuser davantage le
gouffre qui sépare l'ouvrier du patron
et le pauvre du riche. Non, non, il n'y a

1) Ps. cxxvi, 1.

que l'Église à pouvoir guérir de pareilles plaies; car il n'y a que l'Église pour faire comprendre et accepter aux possesseurs de la fortune, leurs obligations de justice et de charité, avec le devoir de la modération dans la poursuite, dans la jouissance et dans l'étalage de la richesse; il n'y a que l'Église pour rendre à l'ouvrier le bonheur et la paix, en lui faisant pratiquer la vertu et en élevant ses regards vers le ciel. *Fac mihi spatium,* vous crie-t-elle, ménagez-moi donc un rapprochement avec ces populations entières que les préjugés, les passions ou la crainte tiennent éloignées de mon influence maternelle.

Pour cela, fondez et entretenez des écoles où la religion ait la place d'honneur; n'omettez rien pour respecter et faire respecter le saint jour du Dimanche; prenez tous les moyens pour sauvegarder la moralité dans vos agglomérations ouvrières; favorisez la création ou le développement des associations catholiques. Bref, usez de toutes vos ressources, pour ramener à la foi et aux pratiques chrétiennes les âmes que vous pouvez atteindre. Ainsi vous aurez satisfait à l'une de vos premières obligations, vous aurez utilement servi le pays, et vous aurez glorifié Dieu.

Enfin, s'il était possible d'ajouter encore un encouragement à celui que donne une pareille cause, je vous dirais, toujours avec saint Jean Chrysostome : *Militiam nosce,* regardez dans quelle noble et vaillante armée vient prendre rang votre jeune mais généreuse phalange.

Ah! je ne veux pas la faire défiler tout entière, en ce moment, devant vous. Mais vous me permettrez bien de saluer, en votre nom, le chef vénéré qui la commande, le drapeau glorieux qui la conduit, les corps d'élite qui la composent.

A sa tête, j'aperçois le vicaire de Jésus-Christ, le successeur de Pierre, notre grand Pape Léon XIII, qui, des hauteurs du Vatican, vigie toujours en éveil, dirige l'Église catholique avec une autorité qui s'impose même à ses ennemis. Docteur infaillible, pas une question contemporaine de quelque importance dont il n'ait donné la solution dans ses magistrales encycliques. Défenseur de la justice, il ne cesse de revendiquer, avec un courage que rien ne déconcerte, les droits sacrés dont il a la garde. Protecteur de toutes les faiblesses, il proclame la liberté de l'esclave, il garantit l'éducation de l'enfant, il maintient la dignité de la famille, il inspire et seconde tous les efforts en faveur de l'ouvrier. Aussi, dépouillé de son patrimoine séculaire, captif dans son palais pontifical, il a vu les hommages de l'univers entourer son trône, et lui faire le plus beau triomphe qu'ait jamais reçu la Papauté.

Au-dessus de cette armée, flotte l'étendard de la Croix. Ce qui fait la valeur d'un drapeau, c'est l'idée qu'il représente, ce sont les souvenirs qu'il rappelle, ce sont les espérances qu'il consacre. Eh bien, je le demande, quel drapeau, dans le monde, représente une idée plus élevée, rappelle de plus grands souvenirs, et consacre de plus certaines espérances?

Quand la Croix se dresse sous mon regard, ce n'est pas le droit d'un homme qu'elle symbolise, ce n'est pas le droit d'une dynastie, d'une nation, c'est le droit de Dieu! Et elle me rappelle toutes les grandes luttes qui se sont livrées, depuis dix-huit siècles, pour la vérité et la justice. Autour de ce *labarum*, les péripéties du combat peuvent varier, la victoire définitive lui est assurée. Sur votre blason, Messieurs des Cercles catholiques, vous l'avez entouré de ce cri d'espérance : *In hoc signo vinces!* et vous avez bien fait. Car le ciel est toujours du parti de la Croix, et la victoire dernière sera pour le parti du ciel !

Quant aux phalanges qui composent

cette armée, et près desquelles vous venez vous ranger aujourd'hui, ce sont les légions de l'apostolat qui luttent, de toutes parts, pour l'établissement ou la défense de la foi ; ce sont les légions de la charité, que l'on rencontre au secours de toutes les infirmités du corps et de toutes les souffrances de l'âme ; ce sont les légions de la prière et de la pénitence, qui ne cessent d'offrir au ciel des sacrifices et des supplications, pour détourner la colère divine ; ce sont les légions de l'enseignement catholique, qui distribuent à toutes les intelligences le savoir humain, sans tuer la foi et sans étouffer la conscience ; ce sont les légions de la virginité qui passent, en donnant au monde le spectacle d'une vie angélique, au milieu des séductions malsaines et malgré toutes les convoitises d'une nature déchue ; ce sont, sous mille noms divers, toutes les légions du dévouement à toutes les grandes et saintes causes de la terre et du ciel. Venus les derniers, Messieurs les Patrons catholiques, vous aurez à cœur de vous distinguer entre tous, par une foi profonde, par une ardeur invincible et par une générosité sans mesure.

Et, puisque mon discours a pris je ne sais quelle allure guerrière, je veux terminer par le cri que le vaillant général de Sonis jetait à cette poignée de héros qui tombèrent, à Patay, sous la bannière du Sacré Cœur. Si le champ de bataille où vous allez vous élancer est moins sanglant, la lutte à laquelle je vous convie n'est pas moins décisive pour l'honneur et le salut du pays.

« Allez donc, Messieurs, vous dirai-je, et montrez ce que peuvent des hommes de cœur et des chrétiens ! »

EXTRAIT DU CATALOGUE

DE LA

LIBRAIRIE VICTOR LECOFFRE

~~~~~~~~~~~~~~~~~~~~~~~~~~~~~~~~~

LE MESSAGER DU CŒUR DE JÉSUS

Bulletin mensuel

de l'Apostolat de la prière, sous la direction du

R. P. Em. RÉGNAULT

de la Compagnie de Jésus

~~~~~~~~

Ce journal a commencé le 1er juillet 1861, et il paraît une fois par mois en livraisons de 128 pages.

Chaque année forme deux volumes in-12 (un volume par semestre).

Les abonnements partent du 1er janvier ou du 1er juillet de chaque année.

~~~~~~~~

Prix de l'abonnement : 5 francs par an
~~~~~~~~

LA FRANCE ET LE SACRÉ CŒUR
Par le P. ALET

Un volume grand in-8°. . . . 10 fr.

Histoire de la bienheureuse Marguerite-Marie et des origines de la Dévotion au Sacré Cœur de Jésus, par le R. P. CH. DANIEL, de la Compagnie de Jésus. *Quatrième édition.* 1 vol. in-12. 3 50

Le Cœur de Jésus, modèle du cœur humain, ou Considérations ascétiques et morales sur le Sacré-Cœur, par le R. P. SÉGUIN, S. J. 1 vol. in-18. 1 25

Le Premier Vendredi de chaque mois sanctifié par la dévotion au Sacré-Cœur de Jésus et la pratique de la retraite du mois; par le R. P. F.-X. GAUTRELET, de la Compagnie de Jésus. 1 vol. grand in-32. 0 50

Le Devoir social dans un Sermon de Bourdaloue sur le soin des domestiques; texte et commentaires par le P. VICTOR ALET, S. J., aumônier du comité général de l'Œuvre des Cercles catholiques d'ouvriers. 1 vol. in-12. 0 80

Le Patron, sa fonction, ses devoirs, ses responsabilités, par M. CHARLES PÉRIN, correspondant de l'Institut de France. 1 vol. in-12.   2 »

Les Lois de la société chrétienne, par CHARLES PÉRIN, professeur de droit public et d'économie politique à l'Université catholique de Louvain, membre correspondant de l'Institut de France. 2 vol. in-8°.   15 »
— Le même ouvrage. *Deuxième édition.* 2 vol. in-12.   7 »

Mélanges de politique et d'économie, par CHARLES PÉRIN, correspondant de l'Institut de France. 1 vol. in-12.   3 50
Ce volume contient :
Les Libertés populaires. — Le Modernisme dans l'Église. — La Question sociale. — Discours de Malines, de Chartres et de Lille. — La Réaction. — L'Idée moderne dans le droit des gens. — La Réforme sociale de M. Le Play.

De la Richesse dans les sociétés chrétiennes, par M. CHARLES PÉRIN, ancien professeur de droit public et d'économie politique à l'Université de Louvain. *Troisième édition.* 3 vol. in-12.   10 50

Questions sociales et ouvrières : 1. **Régime du travail;** ouvrage publié par le Conseil des études de l'Œuvre des Cercles catholiques d'ouvriers. 1 vol. in-8°. 7 50

Le Socialisme chrétien, par M. CHARLES PÉRIN. Brochure grand in-8°. 2 »

Paris. — Imprimerie F. Levé, rue Cassette, 17.